Füßchen in Brunos Suppe

Christina Dinkel

Füßchen in Brunos Suppe »Schriften erkennen« für Kinder

Verlag Hermann Schmidt Mainz

4 Bruno schaut auf die Uhr. Nur noch 12 Minuten und es sind endlich Ferien. Bruno Jacobs und Kathrin Obermann freuen sich riesig. In den letzten Tagen haben sie schon Pläne geschmiedet, wie sie die Zeit zusammen verbringen können. Und schon seit drei Tagen reden sie von dem Ausflug zum See, den sie morgen machen wollen. Mit den Fahrrädern sind die acht Kilometer kein Problem.
Kathrin will was zu trinken und Äpfel organisieren, Bruno Schokokekse und eine große Decke einpacken.
Kathrin und Bruno gehen in die gleiche Klasse, die 7b der Riehl-Schule. Suse Obermann, Kathrins kleine Schwester, geht in die 5a.

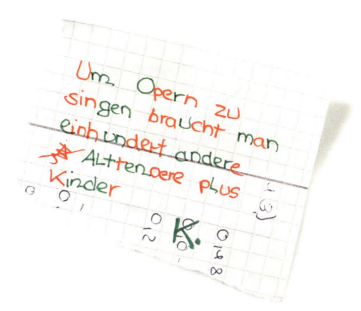

»Ah, ein Briefchen für Bruno. Dann wollen wir doch mal sehen was Kathrin, sein Herzblatt, ihm so mitzuteilen hat.« Bruno wird ärgerlich. Matze, dieser Blödmann! Jedes Mal fing er die Briefchen ab und kommentierte sie lautstark. Doch diesmal, Bruno ist erstaunt, schiebt Matze ihm den Zettel lediglich mit einer leisen Bemerkung zu. »Die Kathrin schreibt ja einen ganz schönen Käse!«
Bruno guckt genauso dämlich wie Matze, als er den Brief liest. Kathrin fängt seinen Blick auf und zwinkert ihm zu. Da fällt Bruno wieder ein was Kathrin noch kurz vor der Stunde zu ihm gesagt hatte: »Konzentriere dich immer auf nur eine Sache. Und orientiere dich an Kathrin.«
Das »K« für Kathrin war grün. Und tatsächlich, wenn man sich daran orientierte und nur die grünen Buchstaben las, ergab die Nachricht einen Sinn. So einfach hatten sie Matze überlistet.

Endlich sieben Uhr. Noch nie ist Bruno das Aufstehen so leicht gefallen. Pünktlich trifft er an der Linde ein. Kathrin ist noch nicht da.

Die alte Linde steht am Eingang zu dem kleinen Park, in dem sich Bruno und Kathrin meistens treffen. Bruno nimmt sich einen Schokokeks und studiert die Plakate an der Litfaßsäule gegenüber.

Mittlerweile ist es zehn nach neun und Kathrin ist immer noch nicht aufgetaucht. Er kramt den Zettel vom Vortag aus seiner Hosentasche. Doch, da steht eindeutig in dicken, grünen Buchstaben: »Morgen um neun an der alten Linde.« Bruno lässt nochmal seinen Blick schweifen.

Keine Kathrin weit und breit. Dafür fällt ihm ein Zettel, der am Baumstamm flattert, ins Auge. Als er näher kommt erkennt er, dass es eine Nachricht für ihn ist.

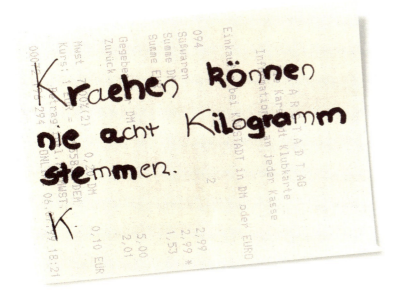

»Aha, diesmal hat Kathrin keine Farben benutzt, dafür sind einige Buchstaben dicker als andere.« Leise liest Bruno die Lösung vor sich hin.

Damit hatte er nicht gerechnet. Wo sie sich doch beide so auf den Ausflug gefreut hatten. Und dann ohne jegliche Erklärung. Da stimmt doch was nicht. Bruno schnappt sein Rad und steuert die nächste Telefonzelle an.
»Obermann« meldet sich eine resolute Frauenstimme.
»Guten Tag, hier ist Bruno Jacobs. Kann ich die Kathrin mal sprechen?« »Die Kathrin kann jetzt nicht«, sagt Frau Obermann und hat auch schon wieder aufgelegt.
So wollte sich Bruno nicht abspeisen lassen. »Wann kann ich Kathrin denn sprechen?«, fragt Bruno nachdem ihm ein zweites Mal das etwas schrille »Obermann« im Ohr ertönt. »Kathrin ist für dich nicht zu sprechen und du brauchst gar nicht mehr anzurufen.«
Er probiert es noch zweimal am Nachmittag von zu Hause aus, aber jedes Mal ist Frau Obermann dran und er legt gleich wieder auf. »So hat das keinen Sinn.«
Bruno verzieht sich auf den Speicher – seinen Lieblingsort, wenn er schlecht drauf ist. »Ich weiß gar nicht, was Frau Obermann gegen mich hat, sie kennt mich ja noch nicht einmal.« Wie konnte er nur an Kathrin herankommen? Bruno versinkt in seine Gedanken und lässt dabei seinen Blick schweifen. Neben der Speichertür entdeckt er eine alte Reiseschreibmaschine. »Mensch«, denkt sich Bruno als er sie näher betrachtet, »warum bin ich da nicht früher drauf gekommen? Ich mach es einfach so wie Kathrin ...«

»Hier ist so ein komischer Zettel. Ist der für dich, Kathrin?«

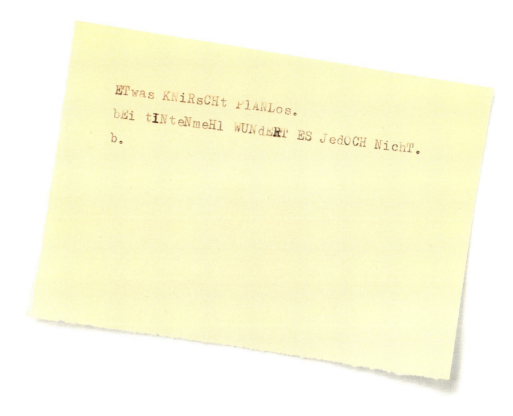

Es ist Freitagmorgen und Frau Obermann hat gerade die
Post hochgeholt. »Sag bloß, das ist schon wieder von Bruno.«
Schon seit längerem redet sie auf Kathrin ein. »Kathrin,
du hängst nur noch bei diesem Bruno rum. Das geht so nicht
weiter. Ich muss mal mit deinem Vater reden.«
Herrn Obermann ist das dann ziemlich egal. »Das müsst
ihr unter euch ausmachen. Ich kann daran nichts finden.«
Aber Frau Obermann findet eine ganze Menge daran.
Wenn es nach Frau Obermann ginge, hätte Kathrin ganz
andere Freunde. Die Barbara Wunloh zum Beispiel.

Die kommt aus geregelten Verhältnissen.
Nicht wie der Bruno mit seinen vielen Geschwistern.
Wo man gar nicht mehr weiß, welches Kind von welchem
Vater ist. Und dann dieser Selbstverwirklichungstick von
Frau Jacobs. Die sollte sich lieber mehr um ihre Kinder
kümmern, dann würden die auch nicht die ganze Zeit durch
die Gegend streunen. Auch heute muss Kathrin sich das
wieder anhören. Doch diesmal
kommt ihr dabei
eine Idee.

»Na, das ist aber schön, dass du dich mal
mit der Barbara treffen willst.«
Frau Obermann freut sich, als sie den Brief
auf Kathrins Schreibtisch entdeckt.

Kathrin freut sich auch.
Schließlich weiß sie,
wer sich dahinter verbirgt.

Bruno ist mit den Vorbereitungen beschäftigt. Er hat eine neue Packung Schokokekse besorgt und schon mal Teewasser aufgesetzt. Er ist gespannt, was Kathrin zu erzählen hat.
Die Kirchturmuhr schlägt zweimal, halb vier ist es also schon. Bruno wartet immer noch. Der Tee ist längst wieder kalt, auf dem Teller sind nur noch ein paar Krümel übrig. Doch Kathrin taucht nicht auf. Um sechs hat er immer noch keine Nachricht von ihr. Wie konnte das wohl schief gehen? Um sieben macht Bruno sich auf den Weg zum Park. Vielleicht denkt Kathrin ja an die kleine Baumhöhle auf der Rückseite der Linde. Und tatsächlich findet er dort eine Nachricht. »Da hat Kathrin wohl mal wieder den Computer von ihrem Vater benutzt.« Bruno nimmt sich einen Stift und markiert die Buchstaben, die er lesen soll. Bald kann er die Botschaft entziffern.

sausende halten auch
dreiundneunzig baeren
niemals auf. viel besser
sind koeder aus den
neuen rundfallenden
samtweichen
perlmuttperlen. der
zahme mehltaubaer
jedoch motzt
rechthaberisch. haben
nun deshalb baeren
perlen satt?
b.

Bruno ist frustriert. Kein Ausflug zum See. Kein Tee mit Kathrin und jetzt hat sie auch noch Hausarrest.

Am Abend erzählt er seinen Eltern von den Ereignissen. »Weißt du was?« Frau Jacobs legt aufmunternd ihren Arm um Brunos Schulter. »Wir fahren am Wochenende alle zusammen zum See und deine Kathrin laden wir ganz offiziell ein. Da kann Frau Obermann nichts mehr sagen. Wir werden gleich einen Brief an sie schreiben.«

Kathrin wird also eingeladen und prompt
kommt eine Antwort.

Ich freue mich schon wahnsinnig
auf Sonntag.
Tante Martha und Onkel Arndt
kommen zu Besuch.
Zum See kann ich deshalb
nicht mitkommen.

Kathrin

P.S.
Ich melde mich wieder, Bruno.

»So wie die Schrift aussieht, kann man sich schon denken wie sich Kathrin wirklich fühlt«, denkt sich Bruno, als er die Karte von Kathrin in den Händen hält. »Und genauso fühle ich mich auch.«

So findet der Ausflug ohne Kathrin statt.

Montags läuft Bruno gleich zum Briefkasten, denn er wartet ja auf einen Brief von Kathrin. Er schleicht bei der Linde vorbei und dreht abends nochmal dieselbe Runde: Briefkasten und Linde. Doch keine Nachricht von Kathrin.

Zum Abendessen gibt es Nudelsuppe, Brunos Leibspeise. Aber so richtig kann sich Bruno darüber nicht freuen. Lustlos löffelt er die Suppe und starrt dabei auf die kleinen tanzenden Buchstabennudeln. So genau wie heute hat Bruno seine Nudeln noch nie angeschaut. »Die sehen ja echt lustig aus, und manche haben sogar kleine Füßchen. Ist euch das schon mal aufgefallen?«

Am nächsten Morgen gibt es immer noch kein Lebenszeichen von Kathrin. Bruno beschließt, die Sache in die Hand zu nehmen. Damit Suse nicht wieder alles lesen kann, will er den Schwierigkeitsgrad erhöhen.
Er deponiert seinen Brief in der alten Linde und hofft, dass Kathrin darauf reagieren wird.

Schnatternd steckt das
Urvieh den blassen Kopf
ins Fass, kramt verson-
nen im Tang, waehrend
zu Techno schnaufender
Rindernachwuchs
richtig verloren
dirigiert.

B.

Bruno wartet, geht alle Stunde zum Versteck und schleicht
um Kathrins Haus. Aber Kathrin reagiert nicht.
Hat sie vielleicht gar keine Lust mehr ihn zu sehen?
Er verfasst noch einen neuen Brief und wirft ihn direkt
bei Kathrin in den Briefkasten.

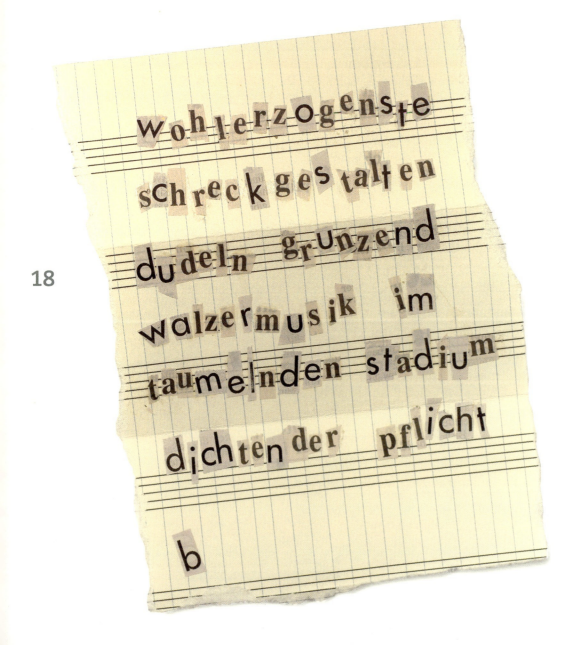

wohlerzogenste
schreckgestalten
dudeln grunzend
walzermusik im
taumelnden stadium
dichten der pflicht
b

Auf dem Heimweg macht Bruno den kleinen Umweg über Bäcker Metzger. Bei der ganzen Aufregung muss er sich erst mal ein Puddingstückchen holen.
Auf der Theke, direkt vor seiner Nase, liegt ein dickes Portmonee. »Ach«, meint Frau Metzger, »die Kundin ist gerade raus.« Bruno schnappt sich die Geldbörse und sprintet hinterher.

»Um Gottes willen«, die Frau fällt aus allen Wolken, »wo ich auch gerade noch auf der Bank war und meine ganzen Papiere da drin sind und meine Jahresfahrkarte. Was für ein Glück, dass du ein ehrlicher Finder bist. Jemand anderes hätte es einfach eingesteckt. Wenn ich daran denke … Du hast wirklich einen guten Charakter. Wie heißt du denn?«

»Bruno«, sagt Bruno. Die Frau schaut ihn etwas seltsam an. »Nun ja«, sagt sie dann, »auf jeden Fall sollst du für deine Ehrlichkeit belohnt werden.« Sie kramt in ihrer Tasche und hält ihm ein Fünfmarkstück hin. Doch Bruno will das Geld nicht. »Nein, nein, das war doch selbstverständlich.«
»Du hast wirklich einen guten Charakter.« Die Frau bedankt sich noch einmal und dann trennen sich die beiden.
Zu Hause merkt Bruno, dass er sein Puddingstückchen völlig vergessen hat.

Abends im Bett denkt er wieder an Kathrin.
Langsam machen sich Selbstzweifel bei ihm breit.
Warum in aller Welt meldet sie sich nicht?

20 »Hier ist Post für dich, Bruno!«

Auch in den nächsten Tagen gibt es Post von Kathrin …

… anschauliche Beispiele über den Lebensstil und den Charakter ihrer Gastgeber.

Aber auch Bruno ist nicht müßig. Auf dem Speicher entdeckt er zwei alte Kisten mit Stempelbuchstaben. Die müssen noch von seinem Opa sein, der hat so ein Zeug gesammelt.

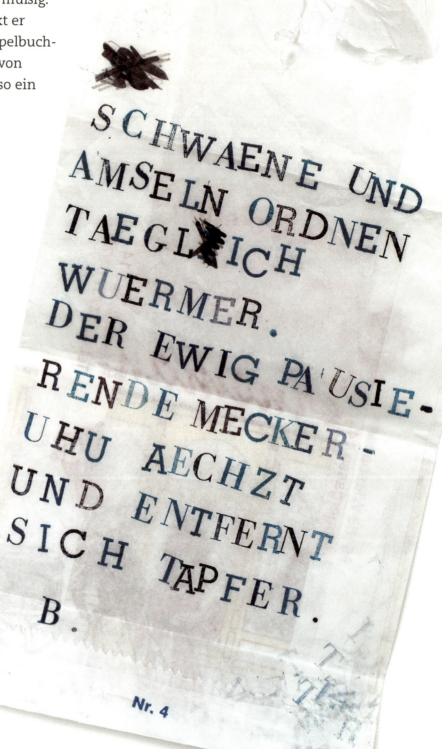

SCHWAENE UND AMSELN ORDNEN TAEGLICH WUERMER. DER EWIG PAUSIERENDE MECKERUHU AECHZT UND ENTFERNT SICH TAPFER.
B.

Nr. 4

»Bruno ist lustig«, denkt sich Kathrin als sie den Brief in den Händen hält. »Die sehen ja alle gleich aus.« Bei genauem Hinsehen entdeckt sie, dass es doch einen Unterschied gibt: Obwohl diesmal beide Schriftarten Füßchen haben, kann man sie an der Linienstärke unterscheiden. Die einen haben dicke und dünne Linien, selbst das »O« hat dicke und dünne Stellen. Bei den anderen sind alle Linien gleich stark, sogar die Füßchen sind so dick wie alle anderen Striche.

Schon um halb drei hat sich Kathrin am Küchenfenster postiert. Von hier aus sieht man die Straße und hat den Eingangsbereich im Blick. Um drei rollt ein Wagen vor: Kathrins Eltern. »Was machen die denn hier? Die wollten doch erst nächste Woche kommen.« Ist es das, was Bruno meinte? (Aber woher kann er das gewusst haben?) Oder ist das nur Zufall? Kathrin läuft zur Tür und begrüßt freudig ihre Eltern.

»Bevor ich es vergesse: das sollen wir dir geben.« Frau Obermann reicht Kathrin einen Umschlag. Ein Brief von Bruno?

»Oje, das wird ja immer schwerer. Suse jedenfalls hat das bestimmt nicht enträtseln können, und meine Eltern schon gar nicht.«

Drinnen schaut sich Kathrin jeden Buchstaben ganz genau an und beginnt sie miteinander zu vergleichen. Die sehen zwar sehr ähnlich aus, aber auch hier gibt es Unterschiede. Sie nimmt sich einen Stift zu Hilfe.
Die einen haben zum Beispiel richtig dicke und ganz dünne Linien – wie bei dem letzten Brief. Die anderen haben zwar auch unterschiedliche Strichdicken, aber es ist nicht so extrem.

    Und die Füßchen sind bei den einen ganz dünn und die dickere Linie stößt genau im rechten Winkel darauf.
    Bei den anderen sind die Füßchen weicher, ein bisschen gebogen sogar, nicht ganz so dünn und sie haben einen weichen Übergang zur anderen Linie.
    Und die Köpfchen sind dort schräg. Bei den anderen sind sie waagerecht.
    Insgesamt wirken die einen strenger als die anderen.
    Es dauert gar nicht so lange, da hat Kathrin auch diese Nachricht entschlüsselt.

»Gibst Du mir nochmal deinen Autoschlüssel, Paps?«
Kathrins Herz schlägt schneller.
Sie versteht langsam gar nichts mehr, aber es ist fürchterlich aufregend.
Hat Bruno ihren Eltern ein Geschenk für sie mitgegeben? Aber das kann doch gar nicht sein.
Schon auf der Hälfte des Weges erkennt sie, was sich da noch im Auto befindet: Da sitzt Bruno!
»Was machst du denn hier? Das ist ja irre.« Kathrin fällt Bruno um den Hals. »Jetzt müsst ihr mir erst mal erzählen was das alles soll.«

Bei Tee und Kakao erzählt Frau Obermann die Geschichte von ihrem verlorenen Portmonee und von dem netten Jungen, der es gefunden hatte. Als sie dann merkte, dass der nette Junge Bruno war, hatte sie ein ganz schlechtes Gewissen, dass sie Kathrin den Kontakt zu Bruno untersagt hatte. Also rief sie bei den Jacobs an und lud Bruno zum Kaffee ein. Bruno hat von den Briefen und dem Buchstabentrick erzählt und von den verdorbenen Ferien und dem vereitelten Ausflug zum See.
Das tat Frau Obermann schrecklich Leid. Zusammen haben sie dann den Plan vom Überraschungsbesuch ausgeheckt.

»Ach, ich hab ja noch was für euch beide.« Mit diesen Worten schiebt Frau Obermann einen Zettel in Brunos Richtung.

6 FREITAG	**7** SAMSTAG	**8** SONNTAG

MausEfLuEgEL VERZAUBERN
~~MaeuSE.~~ ~~eTwa Mau~~
mAELise. eTwa mAUsESoEHnE In
StaRE. gAST-StarE tANzeN DANN
hIn uND hEr, beRICHTEN oFT
beSOrGTE mauSEELTERn Uns.
e.o.

TERMINE

Auch Frau Obermann hat Spaß an den Schriften-Rätseln gefunden. Mit dem Schriften erkennen hapert es bei ihr allerdings noch. Bruno und Kathrin zeigen ihr deshalb, auf was man achten muss:

N gleich dick **N**

A **A**
dicke Füßchen keine Füßchen

n b **n b**
gerade Köpfchen keine Köpfchen

→ **a** **g** ← geschlossene Form → **a** **g** ←
offen!

e o! **e o**! Bei Buchstaben ohne Serifen wie "e" und "o" auf Strichstärke und Achse achten!

So kann man schon mal vier wichtige Gruppen auseinander halten.
Innerhalb dieser Gruppen gibt es viele Variationen.

Außerdem hat jede Schrift eine Familie. Die einzelnen
Familienmitglieder können ganz unterschiedlich aussehen:

Familie C.   *Familie B.*

dünn   a   a

dick   a   a

           ↓ verändert die Form ↓

schräg* *a* *a*

schmal (gibt's bei Familie C. nicht)   a

In manchen Familien gibt es auch breite Geschwister.

* zu "schräg" sagen die Fachleute "kursiv"

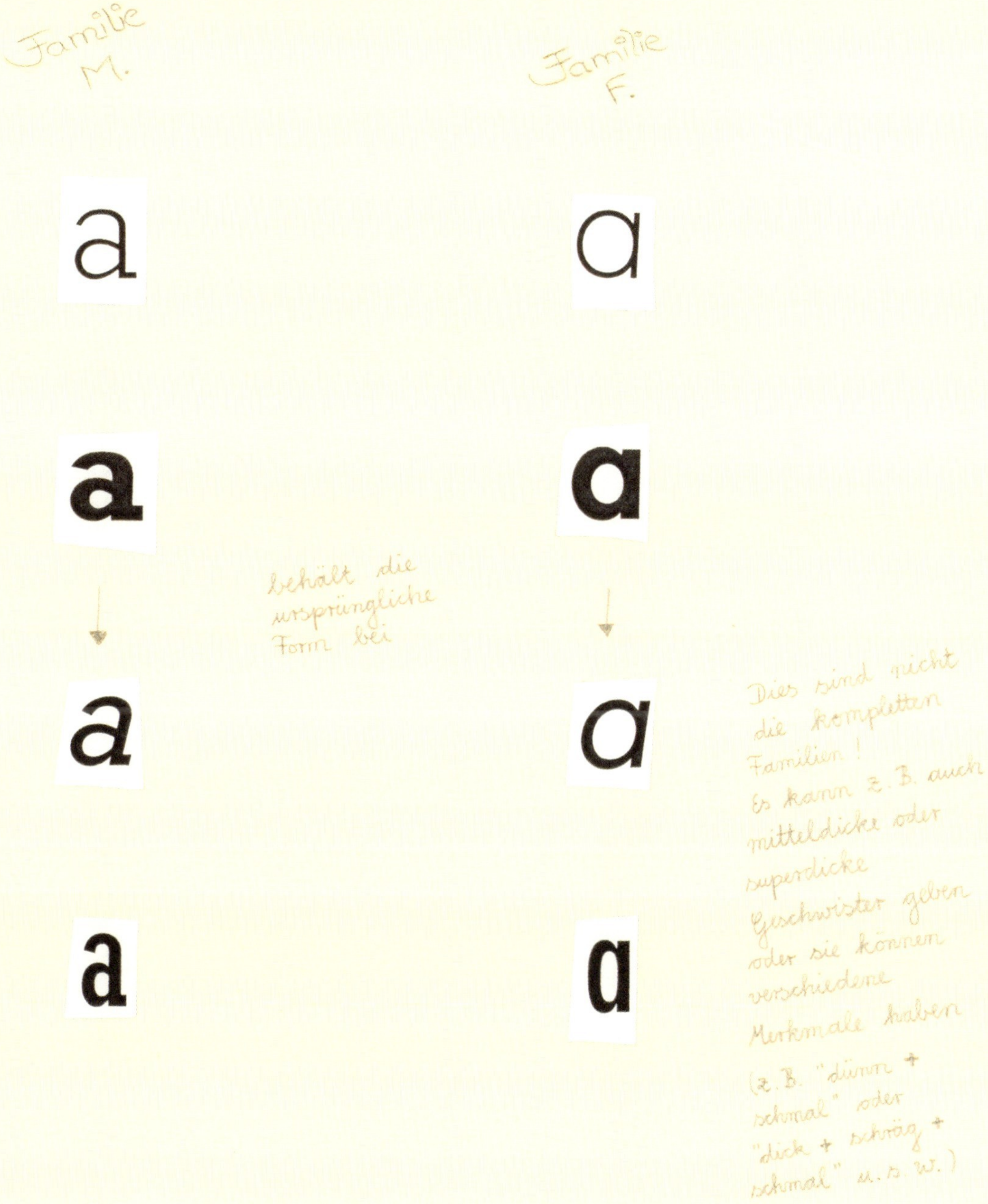

Familie M.   Familie F.

a   a

a   **a**

behält die ursprüngliche Form bei

↓   ↓

a   *a*

a   *a*

Dies sind nicht die kompletten Familien! Es kann z.B. auch mitteldicke oder superdicke Geschwister geben oder sie können verschiedene Merkmale haben (z.B. "dünn + schmal" oder "dick + schräg + schmal" u.s.w.)

Und dann gibt es noch eine Menge anderer Schriften ...

Impressum

© 1999
Verlag Hermann Schmidt Mainz
und bei der Autorin

Alle Rechte vorbehalten.

Konzeption, Gestaltung, Satz:
Christina Dinkel
Umschlaggestaltung:
Christina Dinkel
Gesetzt aus: PMN Caecilia Roman
10,5/16 pt
Illustrationen: Christina Dinkel
Papier: 150 g/m² h'frei gelblichweiß
Designpapier Munken Pure
Reproduktionen: Saase + Heller,
Ingelheim
Druck: Universitätsdruckerei
und Verlag H. Schmidt GmbH, Mainz
Bindung: Großbuchbinderei
Fikentscher, Darmstadt

1. Auflage 1999
ISBN 3-87439-479-4
Verlag Hermann Schmidt Mainz
Robert-Koch-Straße 8
55129 Mainz
Telefon: 0 61 31/50 60 30
Telefax: 0 61 31/50 60 80
www.typografie.de

Printed in Germany

Herzlichen Dank an
Michael Frey, Oliver Müller
und Christine Ukas für
die Handschriften,
an Ingrid Dinkel und Marcus
Frey für die Unterstützung.

Mein besonderer Dank
gilt Hans-Peter Willberg für
die Ermutigung zu diesem
Buch und für alle Anregungen
und Kommentare.

Und hier geht's weiter:

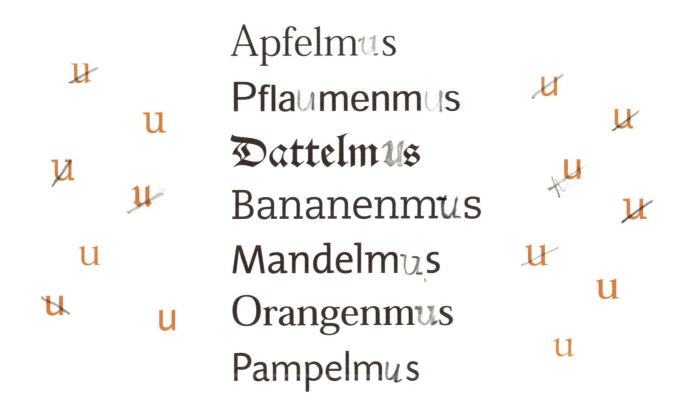

Zeichne das jeweils passende u in das richtige Mus!

Für das nächste Schriftabenteuer: *Schriften erkennen* erklärt die wichtigen Schriftarten – die Form, die Unterschiede und die Geschichte – und schafft Ordnung, damit du in der Flut des Schriftangebots nicht untergehst. Und spätestens nach der Lektüre von *Schriften erkennen* wird der Test locker gelingen.

Sauthoff/Wendt/Willberg
Schriften erkennen
Eine Typologie der
Satzschriften
für Studenten, Grafiker,
Setzer, Kunsterzieher und
alle PC-User
72 Seiten mit ungezählten
Beispielen und Abbildungen
Broschur
Format 21 x 29,7 cm
DM 24,80/öS 181,–/sFr. 24,–
ISBN 3-87439-373-9

ℱ*Finde die Unterschiede!*

Nicht nur Schrift, auch Bilder können besser oder schlechter lesbar sein. Voraussetzung für funktionierende Gestaltung ist die richtige Wahl und die richtige Anwendung der Mittel. Und dafür gibt es Grundregeln.
Hans Peter Willberg und Friedrich Forssmann führen mit *Erste Hilfe in Typografie* Schritt für Schritt in die Welt der Typografie ein.

Willberg/Forssmann
*Erste Hilfe
in Typografie*
Ratgeber für Gestaltung
mit Schrift
112 Seiten mit mehreren
hundert Abbildungen
und Beispielen,
durchgehend zweifarbig
Format 21 x 30 cm
DM 24,–/öS 176,–/sFr. 24,–
ISBN 3-87439-474-3